उम्मीद

WO 'UMEED' HAI, JEENA SIKHA DETI
HAI : A COLLECTION OF HINDI
POEMS. INSPIRING.

आशुतोष पांडेय

Copyright © Ashutosh Pandey
All Rights Reserved.

This book has been published with all efforts taken to make the material error-free after the consent of the author. However, the author and the publisher do not assume and hereby disclaim any liability to any party for any loss, damage, or disruption caused by errors or omissions, whether such errors or omissions result from negligence, accident, or any other cause.

While every effort has been made to avoid any mistake or omission, this publication is being sold on the condition and understanding that neither the author nor the publishers or printers would be liable in any manner to any person by reason of any mistake or omission in this publication or for any action taken or omitted to be taken or advice rendered or accepted on the basis of this work. For any defect in printing or binding the publishers will be liable only to replace the defective copy by another copy of this work then available.

पहली कविता संग्रह।

पहली पुस्तक या कविता संग्रह अत्यंत विशेष होती है।
इसे और भी ज्यादा विशेष वे लोग बनाते है जो किसी न किसी तरह,
हमारी मदद करते हैं हमारी रचनाओं को एक सही रूप देने के लिये।

मैं धन्यवाद करता हूँ अपने माता पिता, अपने भाई बहन,
मित्रगण,
बंधू बांधवो का जिन्होंने ने किसी न किसी रूप में मुझे हमेशा प्रोत्साहित किया है।
और मेरी रचनाओं को आदर और प्रेम दिया है।

साथ ही मैं धन्यवाद देता हूँ उन लोगों का भी जिन्होंने इस पुस्तक को लिखते समय मुझे समय समय पर सलाह दी,

शीर्षक के लिए मुझे सही सलाह दी, पुस्तक को कहा और कैसे लिखा जाए इस विषय में बताया।

सधन्यवाद ||

इस पुस्तक में आप सभी का हार्दिक स्वागत हैं ,आशा करता हूँ आपको ये पसंद आये।।

~ आशुतोष पांडेय।

~ आशुतोष पांडेय।

क्रम-सूची

"शुरुआत"

"हिम्मत रख"

"मेरी कश्ती, मैं सिकंदर"

"उम्मीद"

"दो पल की है तू ज़िंदगी, एक पल तो जीना सिखा दे।"

" जो था, वो था "

"कहाँ की बात लेकर बैठ गए"

" मैं कौन हूँ ?"

"एक नयी तू हूंकार भर "

"अपना किरदार गढ़ो"

"ओ प्यारी शाम"

"किसे पता है?"

"नज़रिया "

"दौड़ है जिंदगी"

"बातें"

"वक्त"

"ऐ मेरे वीर"

"तो सीखने दो ना"

"मैं चला, राह नयी जोड़ चला"

"ध्यान"

"जगतपिता उद्धार करो "

"शुरुआत"

कभी तो शुरुआत करनी होगी,
ख़्वाबों से, मुलाक़ात करनी होगी,
हर दर्द को स्वीकार कर,
निराशा पे वार कर,
बहानो से आगे की बात करनी होगी,
कभी तो,
शुरुआत करनी होगी।

डर के बैठने में क्या बड़ाई है ?
लड़ाई अपनी है या परायी है ?
बड़े सपने देखने में क्या बुराई है ?
मगर, उन्हें जीने में जो अंतर किया,
उसे हटाने को,
खुदसे बात करनी होगी,
कभी तो,
शुरुआत करनी होगी।।

***

"हिम्मत रख"

हिम्मत रख,
खुदसे लड़ने को,
कुछ करने को,
कुछ बनने को,
तू हिम्मत रख।

कल का भूल, कल का क्या,
आज पे अपना ध्यान लगा ,
वक्त बीता ना वापस आयेगा,
जो आयेगा पल क्या लायेगा,
कुछ पता नही,
ये वक्त सही,तू आगे बढ़ ,
तू डरना मत,तू हिम्मत रख।

तेरा कल तेरी परिभाषा नही,
तेरा आज तुझे दर्शाता है,
तू आज राह क्या चुनता है ,
सारा फर्क यही पे आता है,
तू क्या पाता है, क्या सहता है,
दुनिया इसकी ज़िम्मेदार नही,
तू देख ये समझदारी से,
तू सोच मजबूत बना अपनी,
तू खुद की जिम्मेदारी ले,
तू आगे बढ़,तू हिम्मत रख।

सिकंदर , अशोक, अकबर हमारे ,
थे तो वो भी इंसा ही प्यारे,
तू सोच कभी, क्या है कमी,
जंजीरे भय की तोड़ सभी,
तू आगे बढ़ ,
तू हिम्मत रख।।

***

"मेरी कश्ती, मैं सिकंदर"

नाविक कागज़ की कश्ती का बनकर,

तर आया मैं सात समंदर,

अंदर मन का शोर इस जोर,

कि शांत बाहर के बवंडर।

वो दूर किनारे से दुनिया देखे,

अकेला अपनी धुन में एक मुसाफिर,

सोचूं कागज़ की कश्ती पे बैठे,

'अकेला' वरदान है, अभिशाप या फिर,

हाँ, लोगो से तो दूर यहाँ मैं,

पर खयालो की भीड़ अंदर,

इन काली लहरों से मुश्किल,

मन का ये तूफान भयंकर।

डराती आंधी दुनिया की,

पथ से विचलित कर जाती,

पर अडिग खड़ा सीना ताने,

ये मेरी कश्ती, और मैं सिंकदर।।

"उम्मीद"

तोड़ देती है हिम्मत हर घडी,
ये दुनिया मरम्मत का वक़्त कहा देती है,
हम तो बिखरे फिर लडे जिसके सहारे,
वो उम्मीद है, जीना सिखा देती है।

रोते दिल के आंसू छुपाती,
कभी,
उस आंसू को आइना बना देती है,
एक तलब है इसकी हर आहट में आशु,
ये "उम्मीद" है, जीना सिखा देती है।

हर ख्वाब टूटने लगता है जब,
अश्रु भी बहने लगते है,
खुदा साथ है हमारे, तब,
ऐसा एहसास जगा देती है,
ये "उम्मीद" है, जीना सिखा देती है।

कभी वो चौखट की आहट बन,
तो कभी बच्चे की खिलखिलाहट बन,
कभी बनके हवा वतन की,
कभी बन वाणी सजन की,
कभी बादल में घबराहट बन,
वो दिल में एक प्यारी आस जगा देती है,
ये उम्मीद है, जीना सिखा देती है।

दूर जाते देखा हर दफा,
उसके लौट आने की उम्मीद,
अपना सब कुछ दिया अगर,
एक मुस्कान लौटने की उम्मीद,
खुदा सा जो बता दिया,
फिर मिल जाने की उम्मीद,
दिया हर जख्म मिटा दिया,
फिर,
उसे पढ़ पाने की उम्मीद।

सरहद को घर बता दिया,
आज घर आने की उम्मीद,
नेता उसको बना दिया,
कम खाने की उम्मीद,
पिजड़े में खुद को भुला दिया,
फिर उड़ पाने की उम्मीद
हुआ सितम तो छुपा लिया,
फिर इन्साफ पाने की उम्मीद,

हर सांस को जो लुटा दिया,
एक आवाज़ पाने की उम्मीद,
खून पसीने सा बहा दिया,
कुछ कर दिखने की उम्मीद,
पिजड़े में खुद को बंधा लिया,
फिर उड़ पाने की उम्मीद।

ऐसी ही न जाने,
जानो उमीदें लाखो है,
जिनके भरोसे जी रहे सब,
ख्वाब भी बुनते आँखों में
आँखों का हर आंसू वो छुपाती,
दिल का हर दर्द भी, खुद मिटा देती है,
हम तो बिखरे फिर लडे जिसके सहारे,
वो उम्मीद है,
जीना सिखा देती है।।

****

"दो पल की है तू ज़िंदगी, एक पल तो जीना सिखा दे ।"

भूला हूँ, थोड़ा भटका हूँ मैं,
एक सही राह दिखा दे,
दो पल की है ऐ ज़िंदगी,
एक पल तो जीना सिखा दे।

दो दशक बिता दिए हैं,
खुद की खोज में यहाँ,
ख्वाब भी टूट रहे हैं,
दुनिया के बोझ से यहाँ,
घुटन सी होती है अब,
एक चैन की सांस दिला दे,
बहुत रुलाया ऐ ज़िंदगी,
एक पल तो हसना सिखा दे।

आने वाले कल के लिए,
आज के कितने पल खोये हैं,
बीती बातों की यादों में,
जानो कितनी बार रोये हैं,
छोड़ आयेंगे ये सब,
बस हलकी एक, आवाज लगा दे,
सुबह के भूले हैं, ज़िंदगी,
एक शाम तो घर लौटा दे।

जानते नहीं फिर भी मेरी,
लोग राय बना लेते हैं,
ये ऐसा हैं, ये वैसा हैं,
अफवाएं फैला देते हैं,
गलतिया मेरी ही गिन रहे ये,
कोई नई इन्हे बात बता दे,
ज़हरीली सारी दुनिया हैं,
मुझे,
प्याला विष का, पीना सिखा दे,

ज़ख्म भले कितने हों,
हर रग में मेरी हिम्मत भर,
मन हो सच्चा, कर्म भी अच्छा,
गर्व हो खुद की मेहनत पर,
अब बस आगे बढ़ुंगा मैं,
मुड़ पीछे न देखूंगा,
वादा है खुद से मेरा अब ये,
न थोपुंगा, हार कभी किस्मत पर,
यही मांग रहा मैं आज,
बस यही मांग रहा मैं आज,
फिर से स्वाभिमान जगा दे,
आग ज़रा बाकी है अंदर,
हल्का एक एहसास दिला दे,
दो पल की है तू ज़िंदगी,
एक पल तो जीना सिखा दे।।

" जो था, वो था "

जो था, वो था,
क्यों उसपे रोता है तू,
धैर्य क्यूँ अपना खोता है तू,
सब कितना खूब था उसमें,
एक साफ़ आइना वो था,
मगर,
जो था, वो था।

मन मंदिर सा पावन हुआ,
हर दिन-महीना सावन हुआ,
ख्वाब टूटा तो दर्द सही,
उसमें मेरा समर्पण जो था,
मगर,
जो था, वो था।

****

"कहाँ की बात लेकर बैठ गए"

कहाँ की बात लेकर बैठ गए,
मन में घाव लेकर बैठ गए,
समय के खेल में अटके,
फ़िज़ूल बैर लेकर बैठ गए,
सबक लेना था जिन बातो से,
उन्ही से डर के बैठ गए,
मन का न हुआ,
तो मन उदास लेकर बैठ गए,
चलना था जिस सीख को लेके,
उसे बस साथ लेकर बैठ गए,
कहाँ की बात लेकर बैठ गए।।

****

" मैं कौन हूँ ?"

मैं कौन हूँ,
किस ओर हूँ,
मधुर ध्वनि, दिल छूटा कभी,
तो कभी,
कानो को चुभता शोर हूँ।

तुम चाहो तो लाखो आती हैं बातें,
तुम कहो तो ढेरो बना दूँ मैं यादें,
तुम सुनो तो गूँज सकता हर ओर हूँ,
तुमने कहा, तभी मौन हूँ।

दिखता वैसा ही,
जिस नज़र देखो तुम,
कभी अपार शक्ति में गुम,
कभी जरा कमजोर हूँ ,
मैं कौन हूँ ?

****

"एक नयी तू हूंकार भर"

ज़िंदगी के दर्द को स्वीकार कर,

बन्द कर तू आंख, एक गहरी सांस भर,

बदल नज़रिया , साफ दिखेगा,

रख हौसला , इतिहास लिखेगा

हताश बैठा थक हार कर,

उठ,

हर निराशा पे वार कर

तेरा हर मैदान, शेर तू शिकार कर,

तू लड़, तू बढ़

एक नई तू हूंकार भर ||

****

"अपना किरदार गढ़ो"

हार से सीख, आगे हरबार बढ़ो,
जीत भी मिलेगी, प्रीत भी मिलेगी
कर्म अगर सच्चा, जरा इंतेज़ार करो।

गलत न करना न ही सहना कभी,
जो दिखे गलत अगर, चुप न रहना यूँही,
खुद से किये है वादे, पूरे करना सभी,
कर्म से दिल खुश जब, आराम से रहना तभी,
हक़ से अपने हक़ के लिए, हर हद पार लड़ो,
अपना किरदार गढ़ो।

****

"ओ प्यारी शाम"

ओ प्यारी शाम
मुझे अपने साथ ले चल,
इस भाग-दौड़ से निकाल ले चल,
दो पल हो जहाँ सुकून के,
बचपन सा दिल झूम सके
आज बस, उसी राह ले चल।

जहां धीमी होती लाली हो,
आनंद में झूलती डाली हो,
जहाँ हल्के टिमटिमाते तारे हों,
और फूल नदी किनारे हों,
जिनसे प्यारी खुशबू आये,
साथ कोयल भी दिल छू जाए
कल की परवाह न हो उस पल,
अये शाम, ऐसी राह ले चल।।

बचपन के वो दिन भी कितने हसीन थे,
फ़ोन नही, खेल-कूद के शौकीन थे,
था न कोई फ़िल्टर कहीं,
तभी शायद, फ़ोटो नही,
जिये हुए वो ,
हर पल ही रंगीन थे।
अब तो वे दिन भी,
बस बचे हमारी यादों में,

एक अलग खुशी थी,
उन रंगीन जज्बातों में,
बेफिक्र घूमा करते थे,
सर्द में, बरसातों में।
तक़दीर बदल दें , खेल पलट दें
ऐसी हिम्मत सी थी ,
उन नन्हे से हाथों में।

आज तो हर बात नई है
भेड़चाल में हर कोई है,
लालच,घृणा सबके इरादों में,
देखो आज बसी हुई है।

चारो तरफ शिल्प-कला है,
कागज़ का आज रौब बड़ा है
मगर भलाई की किताबों में,
हर इंसा आज मौन खड़ा है

खुद से दूर आज फिर गए हैं
अपनी नज़रों में ही गिर गए हैं
इन दुनिया की गंभीर बातों में,
देखो हम भी घिर गए हैं

इन बातों से निकाल ले चल,
जी लूँ कुछ कमाल के पल,
बच्चो के उमंगी खाबो में।
अये शाम , बस एक बार ले चल,

ओ प्यारी शाम
मुझे अपने साथ ले चल,
इस भाग-दौड़ से निकाल ले चल,
दो पल हो जहाँ सुकून के,
बचपन सा दिल झूम सके
आज बस, उसी राह ले चल||

****

"किसे पता है?"

किसे पता है? राह कहाँ है,

मील का पत्थर,

उसे दिखा है,

जो चल पड़ा है|

अये मुसाफिर ,

तू बता दे,

पथ कठिन या,

साहस बडा है?

फिर, क्यों खड़ा है?

ख्वाब देखा तो,

सबने यहां है,

पर मिला उसे,

जो लड़ा है, जो चल पड़ा है।

****

"नज़रिया"

फर्क क्यों है,
वही इंसानी काया,
वही मोह वही माया,
फिर, फर्क क्यों है?

कहीं गुलशन, खुशियों का मंजर,
कहीं बंजर, दिल दुःख में समाया,
किसी नज़र में धधकती साहस की ज्वाला,
दूजी को सदा खौफ ने धमकाया,
ऐसा फर्क क्यों है ?

कोई चुनता गुलाब, कांटो की सभा में,
कोई सोने की खान में, कोयला ढूंढ आया,
कोई तलाशे खुदा को, हर देश, हर शहर में,
कोई माँ के चरणों को ही जन्नत सा पाया,
ऐसा फर्क क्यों है ?

कहीं प्रेम राग में साथ एक दूजे का,
कहीं दूर जाना ही प्रीत की भाषा,
कहीं खुद को समझाने की चाह,
कहीं दूजे को समझने की आशा,
फर्क क्यों है ?

कोई ख्वाबो में घिरा हर दिन,
कोई ख्वाबो 'को' जीत आया,

कोई खुद से लड़े हर वक़्त हर पहर,
कोई खुद को अपना साथी बनाया,
ऐसा फर्क क्यों है?

फर्क नज़रिये का है, नज़र का नहीं,
फर्क प्यास का है, दरिये का नहीं,
फर्क रगों में उबाल का है, साहस का नहीं,
फर्क गहरे शब्दो का है, आवाज का नहीं,

पत्थर भी टूटेंगे, चलिए तो सही,
आशावादी आदतों में ढलिये तो सही,
आपका छः (6), फर्क है,
मगर,
गलत उनका नौ(9) भी नहीं,
सोच समझ के नज़रिया बदलिए तो सही।।

****

"दौड़ है जिंदगी"

जो रुक गया एक पल भी ,

बहुत पीछे हो जाएगा,

जो गिर पड़ा एक बार भी ,

उठेगा , पर वक्त लग जायेगा,

तो बस चलता जा , तू रुकना मत,

आगे बढ़ता जा , तू गिरना मत,

एक जिंदादिल के लिए , बेजोड़ है जिंदगी ,

दौड़ है जिंदगी , दौड़ है जिंदगी।।

"बातें"

कुछ बातें दिल में कैद कहीं,
ये रातें हर एक रैन जगी,
है बातों की परवाह नहीं,
सुनाई दे तो सही,
न दे, कोई बात नहीं।

कहने को तो लाखो बात यहाँ,
हर बात में एक राज यहाँ,
एक राज जो मन को ख़ास लगा,
ईश्वर का वरदान यहाँ।

बातें मन में रह जाती है,
कुछ घर सा कर जाती है,
कुछ आँसू बन आँखों पर,
हर शाम उभर सी जाती है।

इन्ही बातों बातों में,
दो शब्द निकल से जाते हैं,
दिल की हर एक चीख को,
रूप नया दे जाते हैं।
बातें तो ठहरी बातें,
होती ही रहती हरदम,
कभी खुद से, कभी खुदा से,
बयां कर देते अक्सर हम गम।।

****

"वक्त"

वक्त भी तेरा, साथ नहीं देगा,

जो तूने वक़्त की, क़द्र न करी,

अरे जो चाहा, और न मिला,

उस पर रोने से पहले,

वक्त पर चलना तो सीख ले।

****

"ऐ मेरे वीर"

ऐ मेरे वीर तू सुन ले,

हिम्मत के पथ को तू चुन ले,

मन जो तेरा रूठ गया था,

साहस जो तेरा टूट गया था,

उन बिखरे टुकड़ो को लेकर,

'एक नया भाग्य तू बुन ले,

ऐ मेरे वीर तू सुन ले।

****

"तो सीखने दो ना"

मैंने ख्वाब लिखे हैं,
नज़रो से, कलमों से,
जज़्बात लिखे है,
ख्वाहिशें लिखीं हैं कुछ,
बाकी फरमाइशें लिखीं हैं,
मैंने खुदा की इबादत की,
और ज़ख़्म मुस्कान के साथ लिखे है।

पाया है खुद को अकेला 'अपनों' की भीड़ में,
कुछ यूँ ही ये हालात लिखे हैं,
आगे बढ़ने में ज़रा मेहनत लगेगी,
तो कठोर शब्द भी,
आंसुओं के बाद लिखे है।

मुस्कान दिखती है जो,
कितने गम छुपाती है,
कहते हैं खुशियों का पिटारा इसे,
या केवल एक भ्रम बनती है,
ज्यादा मुस्कुराना भी लोगों को भाता नही,
सरेआम मेरी कमियों के पहाड़ लिखे है।

ज़ख्म हरे हैं तो चखने,
मक्खियाँ चलो आ भी जाती हैं,
मरहम लगाने कोई आये कैसे,

चारो ओर मेरे काटों के तार बिछे है।

हाँ गलतियाँ होती हैं,
इंसां ही हूँ ,
कुछ सीख रहा,
कुछ तुम सा ही हूँ,
खड़ा हूँ यहाँ सीखने को ही,
तो सीखने दो ना,
सीखने वालो के ही,
इतिहास में नाम लिखे है।।

****

"मैं चला, राह नयी जोड़ चला"

मैं चला,
नयी राह जोड़ चला,
फ़िज़ाओं का रूख मोड़ चला,
तेजस्वी पथ प्रदर्शित करता द्वीप,
साथ लिया, अन्धकार तोड़ चला,
मैं चला,
राह नयी जोड़ चला।

टिमटिमाते सितारे गगन में चमके,
चाँद रौशनी की भीख देता हुआ,
सीख ले आगे बढ़ते हम,
हर पहर नया रूप लेता हुआ,
भटकने को रस्ते हज़ार यहाँ,
मन व्याकुल करने को तैयार यहाँ,
बेड़ियाँ भ्रम की मैं तोड़ चला,
मैं चला,
राह नयी जोड़ चला।

खुद से लड़ाई खुद की है ये,
दुनिया से कोई गिला नही,
क्या होगा रोके उसपे,
न मिलना था जो मिला नहीं।

बढ़ते कदम पे ध्यान लगाकर,
आशाओं को पास बुलाकर,
नयी हुँकार भरने को,
हर तूफ़ान को मैं झंगझोर चला,
मैं चला,
राह नयी जोड़ चल।।

****

"ध्यान"

गुलाब का शजर भाया ही नही,

ध्यान कांटो पर था।

हक़ीक़त को अपनाया ही नही,

ध्यान ख्वाबों पर था।

थी जो मंजिल निगाहों में,

सफर खूबसूरत न लगा,

खुद को सुन पाया ही नही,

ध्यान,

गैर बातों पर था ||

****

"जगतपिता उद्धार करो"

तूफानों में फंसीं पड़ी हैं,

नौकायें तुम पार करो।

मानवता हैरान खड़ी है,

आराध्य,

प्रदर्शित राह करो।

बाहरी द्वंद से हम सहम उठे है,

भीतर भी भूचाल बड़ा है,

हर मन, मस्तिष्क, तन पीड़ा में है,

कैसा प्रकोप ये विशाल पड़ा है।

भूल मनुष्य की भी कम नही है,

क्षमा हमें इस बार करो,

ऐ मालिक, शरण मे आये तुम्हारी,

जगतपिता उद्धार करो ||

****

www.ingramcontent.com/pod-product-compliance
Lightning Source LLC
LaVergne TN
LVHW092100060526
838201LV00047B/1487
* 9 7 9 8 8 8 6 2 9 4 5 8 3 *